Début d'une série de documents
en couleur

NOS

ANCIENS COLLÈGES

DISCOURS

PRONONCÉ A LA

DISTRIBUTION SOLENNELLE DES PRIX

DU COLLÈGE DE LOUHANS

Le Mardi 31 Juillet 1894

PAR M. L. LEX

MACON

IMPRIMERIE GÉNÉRALE, X. PERROUX ET Cie

1895

Fin d'une série de documents
en couleur

NOS ANCIENS COLLÈGES

PRINCIPALES PUBLICATIONS DE M. LEX

CONCERNANT LE DÉPARTEMENT DE SAÔNE-ET-LOIRE.

Notes et documents pour servir à l'histoire du département de Saône-et-Loire, Mâcon, 1887, in-8°.

Le Conseil général et les Conseillers généraux de Saône-et-Loire, en collaboration avec M. P. Siraud, Mâcon, 1888, in-8°.

Documents originaux des Archives de Saône-et-Loire antérieurs à l'an mille, Chalon, 1888, in-4°.

Lamartine, souvenirs et documents, Mâcon, 1890, in-4°.

Notice historique sur Lugny, Mâcon, 1892, in-8°.

Notice historique sur Givry, Chalon, 1892, in-8°.

La Maison de bois de Mâcon, Paris, 1893, in-8°

SOUS PRESSE :

Le Mausolée de Louis de Valois dans l'église de La Guiche, Paris, 1894, in-8°.

Peintures murales du château des Moines à Berzé-la-Ville, Angers, 1894, in-8°.

Les Fiefs du Mâconnais, Mâcon, 1895, in-8°.

Mascarade organisée par les Jésuites du collège de Mâcon le lundi-gras 1651.

NOS
ANCIENS COLLÈGES

DISCOURS

PRONONCÉ A LA

DISTRIBUTION SOLENNELLE DES PRIX

DU COLLÈGE DE LOUHANS

Le Mardi 31 Juillet 1894

PAR M. L. LEX

MACON

IMPRIMERIE GÉNÉRALE, X. PERROUX ET Cie

—

.1895

NOS ANCIENS COLLÈGES

Le mardi 31 juillet 1894, à 2 heures, dans la salle du théâtre, a eu lieu la distribution solennelle des prix aux élèves du collège de garçons de Louhans, sous la présidence de M. Lex, ancien élève de l'Ecole des Chartes, archiviste du département de Saône-et-Loire, officier de l'Instruction publique, assisté de M. Maringer, sous-préfet, de M. Guillemaut, député, et de M. Derrepas, maire. Après avoir donné la parole à M. Bréjoux, professeur de physique, pour le discours d'usage, M. Lex a prononcé l'allocution suivante :

Chers élèves,

M. le Recteur de l'Académie de Lyon, en me donnant la mission de présider cette solennité, m'a fait un honneur dont je sais tout le prix, mais dont je sens aussi tout le poids. Classer des parchemins poudreux, parcourir de vénérables registres, déchiffrer d'indéchiffrables grimoires, pâlir sur des papiers qu'on dispute à la dent des souris et à la poussière des temps, tout cela ne prépare guère à discourir devant une réunion qui, comme la vôtre, s'abreuve aux sources vives de la littérature et de la science. Toutefois, le poète des *Emaux Bressans* me rassure :

> Chez vous on est indulgent :
> Peu de chose vous contente.
> Aussi j'ai dressé ma tente
> Près de vos ruisseaux d'argent... (1)

Et puis, je ne crains pas d'être mal reçu, si j'essaie de vous entraîner sur un terrain qui m'est familier. Votre

---

(1) Gabriel Vicaire, p. 5.

sympathique député, M. Guillemaut, dont je suis heureux de saluer la présence ici, pour qui rien n'est étranger de ce qui touche à l'histoire du beau pays qui l'a élu, vous a dès longtemps initiés à ce passé dont l'étude impartiale et la connaissance raisonnée font mieux apprécier le présent et mieux préjuger l'avenir.

Ainsi, peu de chose reste à dire sur les origines de cet établissement où vous vivez réunis, dont la ville de Louhans a assuré la prospérité actuelle et qui en revanche assure à ses enfants de légitimes succès.

C'est en 1652 que votre collège a été fondé. On en confia la direction à un principal de Cuiseaux, François Dulaurier, qui promit d'organiser, avec un régent rétribué par lui, les classes jusqu'à la troisième : outre 200 livres de gages par an, il obtint l'autorisation de percevoir cinq sous par mois sur chaque élève, « à la réserve des enfants de chœur, qu'il était tenu d'enseigner sans salaire, mais qui, en échange, devaient balayer les classes deux fois la semaine » ; on l'exempta d'impôts et on l'installa dans la maison commune. Il eut pour successeurs Jean Lange (1667), Jean-Baptiste Volland (1670), et, en 1690, peu de temps après son transfert dans un immeuble qui a disparu lors de la construction de ce théâtre, le collège passa aux mains des religieux Joséphistes qui, si nous en croyons l'historien Courtépée (1), lui conservèrent jusqu'à la Révolution « une réputation méritée ». Au XVIIIᵉ siècle, il se composait d'un principal, d'un préfet et de cinq professeurs ; le nombre moyen des élèves était de 150, dont 80 pensionnaires (2).

Parmi vos anciens bienfaiteurs, dont c'est un devoir pour moi de rappeler les noms à votre souvenir reconnaissant, je citerai, par ordre de dates, Jean Magnien, curé de Saillenard, qui donna 6,000 livres pour l'instruction

---

(1) *Description du duché de Bourgogne*, t. IV, 1779, in-12, p. 631.

(2) Archives de la ville de Louhans, GG. 25 et 26.

gratuite de quatre enfants, deux de sa paroisse, un de Beaurepaire et un de Savigny-en-Revermont, puis Claire David, épouse de Pierre-Emmanuel de Calamard et dame d'Ardignat, qui, en 1725, offrit 2,000 livres pour contribuer à l'établissement d'un régent de philosophie. Mais l'étude rationnelle des principes et des causes inspirait alors au clergé des craintes si vives que l'archevêque de Besançon, dont le diocèse comprenait Louhans, s'opposa avec la dernière énergie à cette création. Contre le gré des habitants, contre le désir des Joséphistes, contre la décision même de l'intendant, il priva obstinément la ville de la dotation que lui ménageait une femme à la fois généreuse et éclairée, dont le vœu, vous le savez, n'a été réalisé que tout récemment, en 1881 (1).

Le collège de Cuiseaux, vous l'avez entendu, est antérieur en date au vôtre ; il existait dès 1579. A la fin du XVIIIᵉ siècle, il était régenté par deux ecclésiastiques, dont l'un avait rang de principal, et par un laïque, « que leur zèle seul, dit Courtépée (2), engage en ces pénibles fonctions, la ville ne pouvant donner qu'une très modique somme ». En 1769, le bâtiment, qui tombait de vétusté, fut relevé aux frais des habitants, du principal, le chanoine Royer, et de deux prêtres instruits, MM. Goy et Fumey (3).

Celui de Cuisery n'apparaît guère que vers 1750 avec trois classes de latinité, plus des enfants qui apprennent à « lire, écrire et chiffrer ». MM. Ferriot et Gallon en furent recteurs en 1783 et en 1784 aux gages de 250 livres, accrus de la remise des impôts. Le collège devait être assez prospère, à en juger du moins par deux rarissimes plaquettes, que nous conservons précieusement aux Archives parce qu'elles nous font connaître des exercices littéraires, l'un, « sur la religion, l'histoire en général,

(1) Archives de la ville de Louhans, GG. 25 et 26.
(2) *Loc. cit.*, p. 657.
(3) Archives de la ville de Louhans, GG. 25 et 26.

les Trois Empires de l'Europe, les Républiques et Elec-
torats », organisé « par les écoliers choisis du collège de
Cuisery-sur-Seille, dans la Grand'Salle du Collège, le
mardi 28 mars 1786, à 2 heures après-midi », l'autre « sur la
mythologie ou l'histoire poétique et la géographie en
général », organisé par les mêmes « écoliers » à l'occasion de la distribution solennelle des prix « dans la Grand'-
Salle du Collège de Cuisery-sur-Seille, le mardi 22 août
1786, à deux heures après-midi ». Dans les épîtres dédi-
catoires imprimées en tête de ces plaquettes et adressées
par le grammairien et chanoine Cuinier, « ci-devant professeur de philosophie, de physique et de mathématiques
à Chalon », tant à « Messieurs les Magistrats, Maire,
Echevins, Syndic et Citoyens de la ville de Cuisery »,
qu'à ses « élèves », le maître déclare ne pouvoir « taire
les cris d'une admiration sincère que ne cesse d'exciter en
son âme la noble émulation de ses chers enfants... Vous
n'aurez jamais, leur dit-il, à m'objecter de ces préférences
lésives qui perdent les uns et découragent les autres.
Mes soins s'étendront également sur tous, sans réserve
ni distinction, et vous ne pourrez me faire plus de plaisir
que de reconnaître en eux le sincère attachement avec
lequel je vous promets d'être toute ma vie votre plus
fidèle ami... » Qui croirait, à lire ces lignes, que, moins
d'un an plus tard, « victime de l'insolence et de l'indisci-
pline » de ces mêmes « chers enfants », le chanoine
Cuinier dut demander à l'intendant de la province « un
frein pour arrêter le désordre né et à naître, un coup
d'autorité majeure pour ébranler les esprits et les réduire
sans délai ? » Mais il lui fallut bientôt renoncer à ses
fonctions, et ce ne fut pas sans peine qu'on lui trouva
un successeur, M. Jean-Baptiste Roussel (1789). « Il est
rare, écrivait en effet au maire de Cuisery, le grand-
vicaire de l'évêché de Chalon, il est rare que de bons
sujets se destinent à cet état qui n'est point assez honoré
ni rendant (1). »

_____

(1) Archives du département de Saône-et-Loire, C. 256.

Voilà ce qu'ont été jadis les collèges de cette Bresse Louhannaise, où, quoi qu'en ait dit le grand-vicaire, la cause de l'enseignement, servie d'ailleurs par des maîtres instruits et dévoués, a toujours trouvé, dès avant 1789, pendant la Révolution et surtout de nos jours, de chauds partisans et de zélés défenseurs.

Je me suis promis, chers élèves, vous m'en saurez gré, de ne point retarder outre mesure l'heure des récompenses... et de la liberté. Je n'essaierai donc pas de vous mener à ma suite dans les autres pays qui ont contribué à former votre grand et beau département, pour vous introduire dans le collège de chacune de leurs villes et vous en décrire les diverses vicissitudes. Mais il est telle page de leur histoire, à l'un comme à l'autre, qui est réellement bien suggestive.

A Autun, à Chalon, à Mâcon, des collèges existaient avant la fin du XVI⁰ siècle, qui passèrent au commencement du XVII⁰ entre les mains des Jésuites.

Ces derniers venaient d'être, à la suite de leur expulsion du royaume, remplacés (1) à Autun par des prêtres du diocèse, quand Lazare Carnot, — je prononce ce nom glorieux avec un sentiment de profonde tristesse, que vous partagez, — quand Lazare Carnot et son frère aîné, Joseph, entrèrent au collège. Tous deux y restèrent jusqu'à la rhétorique inclusivement et allèrent ensuite faire leur philosophie au petit séminaire. Le futur « organisateur de la victoire », nous raconte son fils, « avait achevé son cours d'une manière brillante. Le jour de la thèse arriva, et ses maîtres comptaient sur un succès qui ne serait pas sans honneur pour eux-mêmes. La thèse de philosophie se soutenait en public, devant une assemblée fort nombreuse. Tout auditeur avait le droit d'adresser des questions au candidat et d'argumenter contre lui ; mais il était d'usage que son professeur se tînt à ses côtés pour lui prêter assistance en cas d'embarras. Lazare Carnot

(1) En 1763.

refusa un pareil souffleur, et déclara qu'il entendait porter seul le poids de l'interrogatoire. Cette prétention inouïe fit scandale, et l'on n'y céda qu'après avoir vainement épuisé tous les moyens imaginables pour vaincre l'obsti-nation du petit philosophe. Il se présenta donc seul devant l'assemblée et gagna son procès avec éclat. Parmi les personnes qui étaient venues croiser le fer avec le candidat se trouvait une dame de la ville, épouse d'un médecin, le docteur Lhomme ; elle s'exprima en latin, seule langue admise dans ces joutes, avec une élégance et une habileté qui surprirent beaucoup l'auditoire (1). »

Quelques années après, un nouveau lustre devait échoir au collège d'Autun. Charles Bonaparte s'était mis en route, le 15 décembre 1778, emmenant en France ses deux fils aînés, Joseph et Napoléon. Arrivé à Autun le 1er jan-vier 1779, leur père les laissa à l'évêque de cette ville, M. de Marbeuf, dont l'oncle commandait nos troupes en Corse. Les enfants furent immédiatement placés comme pensionnaires au collège, mais Napoléon n'y resta que trois mois et vingt jours, après quoi il partit pour Brienne.

« Il ne s'amusait avec personne, dit de lui un de ses pro-fesseurs (2), et se promenait ordinairement seul, ayant, pour ainsi dire, l'air de calculer déjà l'avenir, du moins je le suppose d'après une conversation auprès du poêle, dans la salle d'études, entre lui et les autres pensionnaires qui le contrariaient sur la prise de la Corse et qui taxaient de lâcheté les habitants. Il écouta leur réflexions avec cet air flegme et froid qui formait son caractère. Mais quand ils eurent fini, il allongea avec vivacité et même avec humeur son petit bras de neuf ans et demi, et répondit que si l'on n'avait été que quatre contre un on n'aurait jamais pris la Corse, mais qu'on était venu dix contre un. J'étais à côté de lui et je lui dis : « Cependant vous aviez

---

(1) *Mémoires sur Carnot*, cités par MM. de Fontenay et de Charmasse, *Autun et ses Monuments*, 1889, in-12, p. 465.
(2) L'abbé Chardon, cité par MM. de Fontenay et de Charmasse, *ibid.*, p. 466.

« un bon général dans Paoli. » Il me répondit avec un air peiné : « Oui, Monsieur, et je voudrais bien lui ressembler. » Il paraît que dès l'enfance son caractère s'était annoncé, puisqu'on l'avait destiné aux armes. Il avait beaucoup de dispositions, comprenait et apprenait facilement. Quand je lui donnais une leçon, il fixait sur moi ses regards, bouche béante. Cherchais-je à récapituler ce que je venais de lui dire, il n'écoutait plus, et si je lui en faisais des reproches, il me répondait avec un air froid, on pourrait même dire impérieux : « Monsieur, je le sais. »

A Chalon, les Jésuites donnèrent à leur maison une prospérité qu'ils entretinrent par divers moyens, notamment par la solennité dont ils entouraient les distributions des prix. Celles-ci commençaient par la représentation d'une pièce de théâtre ou d'une pastorale qui durait une heure au moins. En outre, tous les cinq ans il y avait « un grand jeu », c'est-à-dire une tragédie ou une comédie en cinq actes, avec danses, chœurs, musique et même ballet. On devine le monde qu'attiraient ces fêtes et combien elles faisaient de bruit dans la région (1).

L'un des principaux faits de l'histoire du collège de Mâcon est, j'en prends à témoin Pascal et ses *Provinciales* (2), la procession que les élèves, sous la direction de leurs maîtres, exécutèrent en ville le lundi-gras de l'année 1651. Une lutte des plus vives régnait alors entre les Jésuites et les Jansénistes au sujet d'une doctrine relative à la grâce et à la prédestination. C'est à cette lutte que se rapporte la procession, je devrais dire la

---

(1) Archives de la ville de Chalon, GG. 53.

(2) « Les ennemis des Jansénistes sont sûrs de triompher, quoique d'un vain triomphe, à leur ordinaire, au moins durant quelques mois : c'est beaucoup pour eux... Ils vivent au jour la journée. C'est de cette sorte qu'ils se sont maintenus jusqu'à présent, tantôt par un catéchisme où un enfant condamne leurs adversaires : tantôt par *une procession où la grâce suffisante mène l'efficace en triomphe* ; tantôt par une comédie où les diables emportent Jansénius ; une autre fois par un almanach » ; etc. (*Troisième Lettre.*)

mascarade, dont une très belle gravure ancienne (1) nous a conservé la physionomie et qu'un pamphlétaire contemporain (2) a décrite en vers :

On vit en une longue file
Marcher aux temples de la ville
Une troupe de leurs enfants
Ornés et vêtus d'habits blancs (3).

Puis dans cette fête publique
Parut en habit magnifique
Un enfant, beau, bouclé, frisé,
Qu'en fille on avait déguisé.
Tout éclatait en sa coiffure,
En ses atours, en sa parure ;
Et ce triomphant damoiseau
Publiait par un écriteau
Que sa beauté si reluisante
Etait la *Grâce suffisante.*

---

(1) Nous l'avons reproduite en tête de cette publication d'après le très bon exemplaire de M. J. Protat ; celui de la galerie locale du musée de Mâcon est un peu fatigué. Le graveur n'a pas dessiné l'ensemble de sa composition d'après nature : il a évidemment suivi le plan publié par Belleforest au XVIᵉ siècle, les vues données par Tassin et Mérian au XVIIᵉ. Saint-Martin-des-Vignes ne s'est jamais présenté sous l'aspect de la colline élevée, couronnée d'un château fort, qu'on voit en haut et à gauche. La rue Tourniquet (aujourd'hui rue Guichenon) et la rue Titolet (aujourd'hui rue des Minimes) n'ont jamais eu la largeur qu'il a fallu à l'artiste pour y développer sa procession. Ce qui est conforme à la réalité, c'est le mur d'enceinte de la ville avec la porte de la Barre, flanquée de ses deux tours rondes, puis, au nord, le bastion qui était à l'angle des rues Mathieu et Perrier, au sud les bastions qui étaient à l'angle des rues Saint-Brice et Lacretelle, Lacretelle et Rambaud, Rambaud et Joséphine. Mais ce qui par dessus tout est intéressant et curieux, c'est la reproduction faite ou bien sur place ou bien d'après un fidèle croquis, de l'état ancien de la chapelle du collège des Jésuites, aujourd'hui chapelle du Lycée. Que nous reste-t-il de ce monument ? Tout juste la porte d'entrée, à l'angle de la rue du Lycée, qu'on retrouve en bas et à droite dans notre gravure.

(2) Lemaistre de Saci.

(3) « Ces escolliers, vestus de blanc, dit une note des *Enluminures* (voir la note suivante), partirent de leur collège et allèrent en plusieurs églises » (p. 58).

Cet objet agréable aux sens
Attirait l'œil des regardans.
Un plus tragique personnage
Suivait en un triste équipage.
Il semblait un prélat sacré,
Mais un prélat déshonoré.
Son rochet, son camail, sa mitre
Faisaient voir qu'il portait ce titre.
Mais sa mitre était de papier :
Il marchait comme un prisonnier
Qui suit, plein d'opprobre et de honte,
Le char du vainqueur qui le dompte.
Il semblait aller au cercueil,
Et lui-même faire son deuil.
Un crêpe, comme un voile sombre,
Couvrait tout son corps de son ombre.
Jansénie était figuré
Sous ce prélat si bien paré... (1)

Où sont aujourd'hui ces querelles théologiques ? Mais
où sont les collèges d'antan ?

Bourbon-Lancy, Charolles, Marcigny, Paray, Tournus,
eurent aussi leurs régents ou leurs grammairiens.

Celui qui fut nommé à Bourbon-Lancy, en 1782, le sieur
Dusuzeau, a aux Archives tout un dossier qui nous fait
voir comment se recrutait alors le personnel. Un jeune
homme, étranger, inconnu, on dirait aujourd'hui sans
références, se présente pour remplacer le titulaire défunt.
On l'accepte, sauf à lui faire subir plus tard un examen
public. Mais, à peine installé, il est en butte à la dénon-
ciation et à la calomnie : un personnage influent, dont il
n'a pas su ménager le fils, porte jusqu'à l'intendance des

---

(1) *Les Enluminures du fameux Almanach des PP. Jésuites inti-
tulé* « *La Déroute et la Confusion des Jansénistes* » *avec L'on-
guant pour la Brûlure ou Le Secret d'empescher aux Jésuites de
brûler les Livres*, 1683, in-12.— P.57 : « XIIIᵉ Enluminure. Sur une
procession que les Jésuites de Mascon firent faire à leurs écolliers
le lundy gras 1651, où un garçon vestu en fille et représentant
leur grâce suffisante menoit en triomphe un évesque qui repré-
sentoit feu M. d'Ipre. »

accusations d'une gravité exceptionnelle. Ce maître, qui
n'a que vingt ans et qui est marié, bat sa femme ; il
mange les friandises apportées par ses élèves et joue avec
eux de l'argent, qu'il leur gagne bien entendu. De là,
enquête. Les habitants sont pour lui. Il comparaît devant
les curés de la ville, qui lui font expliquer des passages
d'Horace, de Virgile, de Quinte-Curce et de Cicéron, puis
l'interrogent sur la méthode, le rudiment, la syntaxe et la
versification. Il s'en tire à son avantage et est main-
tenu (1).

Celui qui dirigeait le collège de Charolles en 1764,
devait être particulièrement sévère, à en juger par le
règlement intérieur qu'il fit cette année même arrêter par
le bureau d'administration : « Tous les élèves seront
tenus de porter honneur et respect et d'obéir indistincte-
ment à tous les régents, sinon, sur la première plainte
qui en sera faite, celui qui se trouvera en faute, de quel
âge, condition ou classe qu'il soit, sera fouetté par un
correcteur au milieu de la cour du collège, et, en cas de
récidive, chassé. » Que dites-vous de ces mesures ? Mais,
vous vous désintéressez de la question : avec les élèves
disciplinés que vous êtes et que d'excellents maîtres ont
faits, jamais, même aux siècles passés, jamais on n'eut
été amené à de telles extrémités (2).

Une chose que vous ignorez encore, c'est la manière
dont on s'y prenait parfois pour bâtir un collège. Celui
de Marcigny tombait en ruines vers 1750. Il fallait le
relever, et... point d'argent. Pour s'en procurer que
propose-t-on ? De supprimer provisoirement les appointements du principal, qui s'élèvent au chiffre énorme de 600
livres par an, balancé par la charge d'instruire gratuite-
ment douze enfants pauvres de la localité. Il y a bien
quelques protestations, mais les raisons données par le
subdélégué de Semur-en-Brionnais, — ne soupçonnez-

---

(1) Archives du département de Saône-et-Loire, D. 2.
(2) Archives de la ville de Charolles, GG, 11.

vous pas là-dessous quelque sentiment de rivalité entre
deux villes voisines ? — les raisons données par le subdélégué sont péremptoires : « De cette suspension il ne
résultera aucun inconvénient, en ce que les notables sont
en état d'envoyer leurs enfants dans des collèges étran-
gers, et en ce que les enfants des opposants, tous artisans,
à l'exception d'un chirurgien et de trois procureurs, ne
sont pas nés pour la latinité, et qu'il est de l'intérêt de
l'Etat que ces sortes de gens ne se livrent point à cette
étude ; » d'ailleurs le principal « a le défaut de nasiller,
et un goût prononcé pour le vin. » Si bien que la suppres-
sion des appointements est opérée par l'intendant de
Dijon : « Je suis peu partisan, écrit-il, des collèges dans
les petites villes. Cela donne l'occasion au peuple de
faire apprendre le latin à ses enfants et d'en faire de
mauvais prêtres, ou des procu. eurs, des sergents et autre
engeance de même espèce... (1) » Que pensez-vous de ces
administrateurs, préfet et sous-préfet, d'un autre âge ?

A Paray-le-Monial (2), où c'était les Jésuites qui pro-
fessaient, et à Tournus (3), où l'on avait des prêtres
séculiers pour régents, des municipalités généreuses pro-
voquaient l'émulation des élèves par le vote d'allocations
employées à leur distribuer de très beaux prix.

Chez vous, cette solennité qui nous réunit date de 1708 :
ce n'est pas un appel vain que vos prédécesseurs d'alors
adressèrent « aux Mécènes », j'emprunte leur mot, « aux
Mécènes » de l'hôtel de ville. Tous les ans, depuis cette
époque déjà reculée, pareille cérémonie s'est faite, même
en 1792, au milieu des circonstances difficiles que la
France traversait. Seulement, cette fois-là, vous avez
voulu déposer sur l'autel de la patrie l'offrande des
récompenses qui vous étaient destinées (4).

Vous seriez prêts à de plus grands sacrifices encore,

---

(1) Archives du département de Saône-et-Loire, D. 28.
(2) Id., D. 29.
(3) Archives de la ville de Tournus, CC. 14.
(4) Archives de la ville de Louhans, D. 1.

s'il le fallait, à des sacrifices que, tout à l'heure, après avoir magistralement esquissé une page de l'histoire des sciences, votre professeur de physique, M. Bréjoux, vous faisait éloquemment entrevoir. Mais que bien plutôt l'olivier, symbole de la paix féconde, fleurisse longtemps en notre pays, afin que vous puissiez, dans le calme et le recueillement, travailler comme je le souhaite et comme vos récents succès permettent de l'espérer, travailler avec nous, vos aînés, au grand œuvre du progrès et de la civilisation, devenir des citoyens utiles et bien mériter de l'humanité !

Original en couleur

NF Z 43-120-B